Francesco Gentile

Será que um navio afundado vai mesmo levar a uma nova guerra entre as duas Coreias?

AF545627

Francesco Gentile

Será que um navio afundado vai mesmo levar a uma nova guerra entre as duas Coreias?

ScienciaScripts

Imprint
Any brand names and product names mentioned in this book are subject to trademark, brand or patent protection and are trademarks or registered trademarks of their respective holders. The use of brand names, product names, common names, trade names, product descriptions etc. even without a particular marking in this work is in no way to be construed to mean that such names may be regarded as unrestricted in respect of trademark and brand protection legislation and could thus be used by anyone.

Cover image: www.ingimage.com

This book is a translation from the original published under ISBN 978-3-659-86247-2.

Publisher:
Sciencia Scripts
is a trademark of
Dodo Books Indian Ocean Ltd. and OmniScriptum S.R.L publishing group

120 High Road, East Finchley, London, N2 9ED, United Kingdom
Str. Armeneasca 28/1, office 1, Chisinau MD-2012, Republic of Moldova, Europe
Printed at: see last page
ISBN: 978-620-8-36223-2

Copyright © Francesco Gentile
Copyright © 2024 Dodo Books Indian Ocean Ltd. and OmniScriptum S.R.L publishing group

À minha extraordinária família numerosa e aos maravilhosos conhecidos em todo o mundo

ÍNDICE

RESUMO

O principal objetivo deste artigo é analisar as relações e os conflitos que caracterizaram e, infelizmente, ainda caracterizam um pouco toda a Península da Coreia.

Como veremos, estas disputas têm as suas raízes em 1945, com o fim do domínio colonial japonês, e também, mais tarde, na influência russa na Coreia do Norte e na influência dos EUA na Coreia do Sul.

A vontade de estudar as duas Coreias deriva da consciência do insuficiente conhecimento e interesse sobre a situação nesta área geográfica, daí também a dificuldade em encontrar material tão útil para um estudo muito cuidadoso.

Começando com o esboço geográfico e histórico dos dois países, a atenção foi transferida para as várias caraterísticas económicas, sociais e políticas, também com o objetivo de compreender os pressupostos da existência de más relações entre a RPDC (República Popular Democrática da Coreia) e a ROK (República da Coreia).

A parte seguinte, por outro lado, é especialmente dedicada aos acontecimentos desde o afundamento do navio sul-coreano em março de 2010 até outubro do mesmo ano, passando por toda a escalada de investigações feitas para perceber se a Coreia do Norte é efetivamente a responsável; às reacções do CSNU (Conselho de Segurança das Nações Unidas) a esse respeito; à guerra psicológica; à nova reconsolidação das relações militares (e não só) entre a Coreia do Norte e a China; à proposta do antigo Presidente sul-coreano Lee Myung-bak de um imposto para financiar a reunificação com a RPDC e ao envio de alimentos pela ROK para o Norte "esfomeado".

Em última análise, abordei a questão das conversações nucleares a seis (China, Japão, Coreia do Norte, Rússia, Coreia do Sul e EUA), consideradas como o resultado da retirada da Coreia do Norte, em 2003, do TNP (Tratado de Não Proliferação Nuclear).

Capítulo 1

"Caraterísticas geográficas e históricas da Coreia do Norte e da Coreia do Sul"

1.1 A Coreia do Norte num ápice

A **República Popular Democrática da Coreia** (**RPDC**) ou, melhor dizendo, **a Coreia do Norte**, está situada na parte norte da Península da Coreia, na Ásia Oriental (coordenadas geográficas: 43° 00' lat. - 38° 00'N; 124° 00' long. - 131° 00' E), faz fronteira com a Rússia e a República Popular da China a norte e com a Coreia do Sul a sul, ao longo da zona desmilitarizada coreana DMZ. A leste, o Japão atravessa o Mar da Coreia Oriental ou Mar do Japão e, a oeste, a Baía da Coreia e o Mar Amarelo. Tem uma área de cerca de 120.000 km^2 e uma população de quase 25 milhões de habitantes, com uma densidade de $198/km^2$.

É uma das populações mais homogéneas do planeta em termos linguísticos e étnicos, com um número muito reduzido de chineses, japoneses, sul-coreanos, vietnamitas, russos e minorias europeias expatriadas. A única língua oficial é o coreano. No que respeita à religião, mais de 65% dos norte-coreanos são ateus, mas existem também alguns xamanistas e budistas. Os cristãos representam apenas 1,6% da população.

Pyongyang, que ocupa a parte sudoeste do país, é a capital e a maior cidade; relativamente a outras cidades importantes, existem Chongjin e Sinuiju no norte, Hamhung e Wonsan no leste e Kaesong no sul, muito perto da fronteira com a Coreia do Sul. A moeda corrente é o won norte-coreano. A Coreia do Norte é 174th no último (2010) IDH Índice de Desenvolvimento Humano 2009, mas pertencente ao grupo "baixo", tem uma economia quase autárquica, industrializada e altamente centralizada, de facto, o comércio internacional é bastante proibido pelo governo, uma esperança de vida bastante boa é de cerca de 71,5 anos de idade (69 homens) e 74 (mulheres) e no que diz respeito à educação é gratuita controlada pelo governo e obrigatória até ao nível secundário. O clima da Coreia do Norte é temperado, com Invernos secos e frios e Verões quentes. As inundações mais perigosas e devastadoras levaram o governo norte-coreano a pedir ajuda internacional. A Cruz Vermelha e outras ONG pediram às pessoas que angariassem fundos, pois receavam uma catástrofe humanitária. O verão é geralmente quente, curto, húmido e chuvoso devido aos ventos de monção do sudeste, que trazem ar húmido do Oceano Pacífico, e há também tufões que afectam a península, em média, pelo menos uma vez por verão. Cerca de 80% da Coreia do Norte é constituída por planaltos e montanhas, separados por vales estreitos e profundos. As planícies costeiras são largas a oeste, mas menos a leste. A maior parte dos norte-coreanos vive na costa, nas planícies e nas terras baixas. Geumgangsan, na cordilheira de Taebaek, que se estende até à Coreia do Sul, é conhecida pela sua beleza paisagística. O rio mais longo é o rio Amnok e as planícies mais extensas são as planícies de Pyongyang e Chaeryong, cada uma com cerca de 500 quilómetros quadrados. Como as montanhas da costa leste caem diretamente para o mar, as planícies são ainda mais pequenas do que na outra costa. A Coreia do Norte não sofre tantos terramotos graves como os vizinhos China e Japão.

1.2 História da Coreia do Norte na primeira parte do século XX

A história da Coreia do Norte começa formalmente em 1948 com a criação da República Popular Democrática da Coreia (RPDC).

Após o domínio colonial japonês (1910-1945) da Coreia, que terminou com a derrota do Japão na Segunda Guerra Mundial, o Império Coreano (estabelecido em 1897 e declarado pelo rei Gojong) foi dividido, de acordo com um acordo das Nações Unidas, no paralelo 38, para ser administrado pelos Estados Unidos no sul e pela União Soviética no norte. Mas, infelizmente, os americanos e os russos não conseguiram chegar a acordo sobre a aplicação da Tutela Conjunta sobre a Coreia, o que levou à criação de governos diferentes e separados em 1948, cada um deles reivindicando ser o governo legítimo de toda a Coreia, entendida como a península coreana. Os soviéticos, depois de tomarem posse das províncias de Chongjin e Najin em 12 de agosto de 1945, deslocaram-se para Hamhüng e Wonsan em 24 de agosto e para a capital Pyongyang em 25 de agosto, enviando várias tropas diretamente para todas estas províncias. O comandante do 25º Exército soviético, Chistiakov, chegou a Hamhüng a 24 de agosto e, de acordo com as suas ordens do quartel-general do 1º Exército de Campo da Divisão do Extremo Oriente, iniciou negociações com os líderes japoneses e com o governador do governo provincial sobre a tomada da administração da província. O conteúdo do seu acordo era o seguinte:

"Se alguém, quer seja japonês ou coreano, abandonar o seu posto, será imediatamente condenado à morte por enforcamento. ... Por enquanto, a polícia japonesa e a polícia militar manterão a ordem e as funções administrativas continuarão a ser desempenhadas como antes pelo governador da província japonesa e seus subordinados. Aqueles que causarem perturbações da paz serão severamente punidos. ... O trabalho deve continuar nas fábricas, oficinas, minas, etc., e os bens não devem ser retirados desses locais de trabalho".

Esta disposição foi publicada no decreto do exército soviético de 25 de agosto, que sublinhava muito a continuação do controlo administrativo e de segurança japonês e representava a primeira posição oficial do comando soviético que revelava a sua política em relação à península coreana. Song Songgwan, Ch'oe Kimo, Im Ch'ungsok, Kim Inhak e Sally Joe, os membros do Conselho Comunista da Província de Hamgyong do Sul e os dirigentes da secção da Província de Hamgyong do Sul do Comité para a Preparação da Independência da Coreia, To Yongho e Ch'oe Myonghak, visitaram o comandante russo Chistiakov, para lhe comunicar que tinha sido formado um "Comité Executivo de Hamgyong do Sul" e solicitar que a autoridade administrativa fosse transferida para este comité. Chistiakov cancelou o acordo e disse que o Comité Executivo iria gerir todos os assuntos administrativos e de segurança, sob o comando soviético. Após 26 anos de exílio, o famoso político comunista coreano Kim Il-Sung chegou à Coreia do Norte a 22 de agosto de 1945 e, um mês depois, foi eleito chefe do Comité Popular Provisório pelos soviéticos. Criou um exército profissional eficiente, o *Exército Popular Coreano* (KPA), alinhado com os comunistas, formado por ex-soldados que tinham adquirido experiência de combate nas lutas contra os japoneses e por um quadro de guerrilheiros. A partir das suas fileiras, utilizando equipamento e conselheiros russos, Kim construiu um grande exército especializado em guerrilha e em tácticas de infiltração. Antes do início da guerra da Coreia, J. Estaline equipou o KPA com modernos tanques pesados, artilharia, armas ligeiras e camiões. Kim também criou uma força aérea, inicialmente equipada com aviões de caça e de ataque a hélice ex-soviéticos. Mais tarde, os candidatos a pilotos norte-coreanos foram enviados para a China e para a União Soviética com o objetivo de se exercitarem em aviões a jato Mikoyan-Gurevich (MiG-15) em bases secretas. Em 1948, foi concedida a independência ao Sul como República da Coreia, mas em setembro foi proclamada a República Popular Democrática da Coreia (RPDC), com Kim como primeiro-ministro. Em outubro, a União Soviética declarou que o regime de Kim era o único governo legal na península. Em 1949, o Partido dos Trabalhadores da Coreia do Norte fundiu-se com o seu equivalente do sul, fundando o WPK (Partido dos Trabalhadores da Coreia), com Kim como presidente do partido. Cada organização de massas e cada partido foi persuadido a aderir à Frente Democrática para a Reunificação da Pátria, aparentemente uma frente popular, mas na realidade dominada pelos comunistas, pelo que, em 1949, a Coreia do Norte se tornou uma ditadura comunista. O governo avançou rapidamente para a instalação de um sistema político muito semelhante ao soviético, com o poder político monopolizado pelo WPK, seguindo-se o estabelecimento de uma economia planificada. Na agricultura, o governo chegou mais tarde a uma economia planificada: a reforma "terra ao agricultor" de 1946 redistribuiu a maior parte das terras agrícolas aos pobres e à população camponesa sem terra, enfraquecendo assim o poder da classe proprietária. A coletivização foi levada a cabo em 1954, com os camponeses a serem forçados a participar em cooperativas agrícolas. À semelhança de vários países comunistas do pós-guerra, a Coreia do Norte efectuou enormes investimentos estatais, em primeiro lugar na força militar, na indústria pesada e nas infra-estruturas estatais, sem se preocupar com a produção de produtos de consumo.

Pagando aos camponeses colectivizados preços baixos, controlados pelo Estado, pelos seus produtos e utilizando o excedente assim obtido para pagar o desenvolvimento industrial, a nação realizou uma série de planos trienais que aumentaram a quota da indústria na economia de 47% em 1946 para 70% em 1959.

Registaram-se aumentos importantes na produção de aço, na produção de eletricidade e na construção de máquinas e a grande produção de máquinas agrícolas e tractores provocou obviamente um grande aumento da produtividade agrícola.

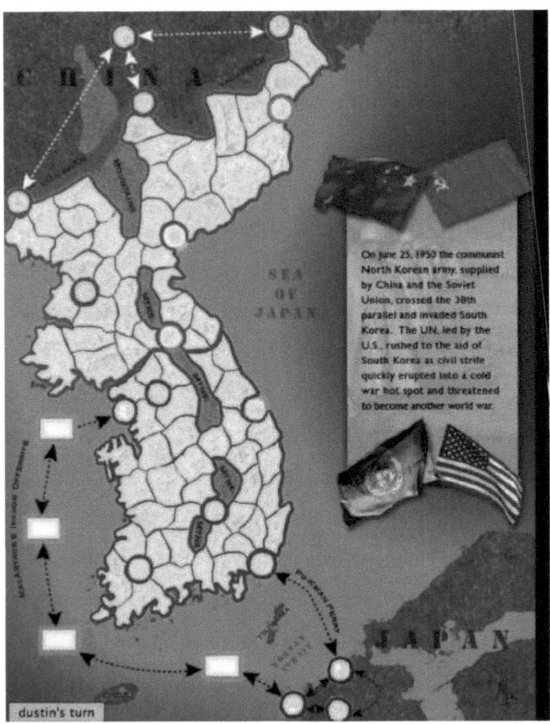

1.3 Guerra da Coreia

O exército sul-coreano ficou muito fraco depois de o grosso das forças norte-americanas ter abandonado o país em junho de 1949. Por outro lado, o exército norte-coreano recebeu uma grande ajuda de equipamento russo. No início, J. Estaline rejeitou a proposta de Kim de invadir o Sul, mas em novembro de 1949 o desenvolvimento das armas nucleares soviéticas e a vitória comunista na China fizeram-no repensar o pedido de Kim. Dois meses mais tarde, depois de o famoso presidente chinês Mao Zedong ter declarado que a China ajudaria a Coreia do Norte enviando tropas (e não só) a Kim, Estaline aderiu a uma invasão. Os russos forneceram uma ajuda limitada sob a forma de conselheiros que apoiaram os norte-coreanos na organização da operação e de instrutores militares soviéticos para treinar as unidades coreanas. A propósito, J. Estaline disse claramente desde o primeiro momento que o seu país não disponibilizaria forças terrestres, mesmo em caso de crise militar grave, e que evitaria, sem sombra de dúvida, um confronto aberto e arriscado com os EUA sobre a Coreia, pelo que tudo estava preparado exatamente para uma guerra civil entre estes dois regimes rivais na península coreana.

Cerca de um ano antes de o exército norte-coreano ter tentado atacar as forças do Sul, em junho de 1950, as duas partes tinham estado envolvidas em vários confrontos sangrentos no paralelo 38th , sobretudo a oeste, exatamente na zona de Ongjin, no Mar Amarelo. Devido à superioridade das forças militares norte-coreanas e à desorganização das forças sul-coreanas, o exército do Norte invadiu e dominou facilmente a capital Seul. De qualquer forma, os norte-coreanos não conseguiram fundir a península quando os EUA, a União Soviética e a República Popular da China (RPC) se juntaram à guerra civil. O exército norte-coreano foi rapidamente derrotado e empurrado na direção norte pelas forças das Nações Unidas lideradas pelos EUA. Posteriormente, as forças da ONU reconquistaram Seul e capturaram Pyongyang, pelo que chegou a vez de Kim ter de partir. Em novembro, o exército chinês fez recuar as forças da ONU, reconquistando Pyongyang um mês depois e Seul em janeiro de 1951. A frente foi estabilizada em 1953 ao longo do que acabou por se tornar a atual Linha de Armistício e só depois de longas negociações é que as duas partes chegaram a um acordo sobre a fronteira formada pela DMZ (Zona Desmilitarizada Coreana) e foi finalmente declarado um cessar-fogo, embora, infelizmente, nunca tenha sido assinado um tratado de paz oficial e as duas Coreias estejam tecnicamente em guerra desde 1950. Kim reforçou o controlo da política norte-coreana, com a ajuda do exército, que respeitava o seu historial de guerra e a sua longa resistência ao Japão. O ministro dos Negócios Estrangeiros da RDPC e vice-presidente do partido, Pak Hon-yong, foi acusado de não ter ajudado a população do Sul a ajudar a Coreia do Norte durante a guerra, razão pela qual foi executado. A maior parte dos esquerdistas sul-coreanos que não conseguiram ajudar o Norte em 1945-1953 foram também acusados de espionagem e mortos ou exilados em aldeias mineiras e agrícolas remotas.

A guerra da Coreia causou um total de 4 milhões de vítimas (mortos, feridos e desaparecidos) e era comum pensar-se que esta guerra poderia conduzir à Terceira Guerra Mundial.

1.4 Sucessão de Kim Jong-il

Em 1994, Kim Il-sung faleceu e Kim Jong-il, o seu filho, que já desempenhava funções importantes no governo, sucedeu-lhe como secretário-geral do Partido dos Trabalhadores da Coreia. Durante esse período, a Coreia do Norte não teve nenhum secretário-geral no partido nem um presidente. Embora a nova Constituição parecesse pôr termo ao sistema político do tempo da guerra, não pôs totalmente termo ao regime militar transitório. Pelo contrário, institucionalizou o regime militar ao tornar a NDC (Comissão de Defesa Nacional) o órgão estatal mais influente e o seu presidente a autoridade máxima. Kim Jong-il ganhou um cargo considerado como a mais alta autoridade administrativa da nação, o de Presidente da CND, e, desta forma, o chefe de Estado *de facto* da Coreia do Norte. Durante o seu mandato, a economia da Coreia do Norte registou um declínio e o nível de vida dos seus 23 milhões de habitantes continuou a baixar. De 1995 a 2000, a nação sofreu uma fome em grande escala que causou a morte de cerca de 800 000 pessoas. A principal razão deste declínio é o facto de o Estado, que gere toda a economia, estar falido e não poder pagar as importações de bens de capital necessárias para iniciar a modernização desesperadamente indispensável das suas fábricas industriais. A ineficácia do modelo de agricultura colectiva da Coreia do Norte, de tipo estalinista, é outra das causas deste colapso. A Coreia do Norte gasta quase um quarto do seu PIB em armamento, incluindo o desenvolvimento de armamento nuclear, e mantém a maior parte dos jovens entre os 18 e os 30 anos de idade fardados, enquanto o sistema estatal de base entra em declínio.

O resultado muito triste desta situação é o facto de a Coreia do Norte continuar a depender da ajuda alimentar internacional para poder alimentar os seus habitantes. De facto, de acordo com a Amnistia Internacional, mais de metade dos norte-coreanos (mais de 13 milhões de pessoas) conhecia e sofria de fome e subnutrição no país em 2003. Em 2001, a Coreia do Norte beneficiou de cerca de 300 milhões de dólares de ajuda alimentar de ONG, da ONU, dos EUA, da União Europeia, do Japão e mesmo da vizinha Coreia do Sul. A China fornece anualmente montantes desconhecidos (mas talvez elevados) de ajuda sob a forma de alimentos, petróleo e carvão. Apesar destas ajudas, a RPDC continua a manter a sua política adversa contra a Coreia do Sul, os EUA e o Japão. O fornecimento de eletricidade e de aquecimento, com exceção da capital Pyongyang, é, de facto, inexistente, e a alimentação e os medicamentos são bastante escassos. Quando não há uma colheita abundante, como tem acontecido constantemente nos últimos anos, a população sofre de fome efectiva: uma condição nunca antes vista numa economia industrial em tempo de paz. É também por esta razão que, desde 1996, se regista um forte fluxo de emigração ilegal para a República Popular da China, apesar dos esforços envidados por ambos os Estados para o evitar. Kim Jong-il afirmou que a solução para esta crise consistia em melhorar as tecnologias da informação, ganhar moeda forte e atrair a ajuda externa, mas, apesar de alguns movimentos no sentido da reforma, não reduziu efetivamente o controlo do Estado sobre a economia nem empreendeu as reformas orientadas para o mercado que permitiram, por exemplo, o impressionante crescimento económico da China desde 1978. Até à data, a Coreia do Norte, não surpreendentemente, *deu o Juche* (esta palavra significa literalmente "sujeito" ou "corpo principal" e representa a ideologia oficial do Estado da RPDC. Ensina que "o homem é o senhor de tudo e decide tudo" e que o povo norte-coreano é o senhor da revolução da Coreia do Norte) e a ONU tenta distingui-los, deu um passo em frente na atração de capitais privados. Em 2002, foram anunciadas algumas reformas, a moeda foi desvalorizada e os preços dos géneros alimentícios foram deixados subir, na esperança de incentivar a produção agrícola. Foi anunciado que os sistemas de habitação subsidiada e de racionamento de alimentos seriam gradualmente suprimidos. Pela primeira vez desde a coletivização de 1954, foi aberto, a título experimental, um "sistema de agricultura familiar". O governo criou uma zona administrativa especial em Sinuiju, uma cidade perto da fronteira com a China, à qual foi dada quase autonomia, sobretudo em matéria económica. Tratava-se de uma tentativa de imitar o êxito das províncias de comércio livre na China, mas atraiu pouco interesse do exterior. Apesar dos discursos optimistas no estrangeiro, na imprensa estrangeira, o impulso dessas reformas não foi seguido de uma descolectivização relevante, por exemplo.

1.5 Situação na RPDC

O Presidente Kim Dae-jung da Coreia do Sul tentou ativamente diminuir os conflitos entre as duas Coreias ao abrigo da chamada "Sunshine Policy" (política externa sul-coreana em relação à Coreia do Norte até à eleição de L. Myung-bak para a presidência em 2008), mas tal não teve muitas consequências imediatas. Desde que George W. Bush foi eleito Presidente dos EUA, a Coreia do Norte enfrentou uma pressão externa renovada sobre o seu programa nuclear, reduzindo assim muito as possibilidades de mais ajuda económica internacional. A Coreia do Norte continua a ser uma nação totalitária estalinista, a tradição de secretismo e a falta de acesso aos meios de comunicação social estrangeiros na RPDC permitem compreender que haja poucas notícias sobre as condições políticas, mas o relatório de 2003 da Amnistia Internacional sobre a Coreia do Norte refere que houve relatos de repressão severa de pessoas envolvidas em actividades religiosas privadas e públicas, incluindo tortura, prisão e mesmo execuções. Vários relatórios não confirmados sugerem que a tortura era generalizada nos campos de trabalho e nas prisões. É muito provável que a Coreia do Norte venha a registar um declínio semelhante ao da Alemanha Oriental: A China, a Coreia do Sul, o Japão e a vizinha Rússia também vivem com apreensão devido ao receio de um súbito e grande êxodo de refugiados norte-coreanos nos seus territórios. Muitos dos refugiados que fogem para a China devido à fome continuam a demonstrar uma ajuda significativa ao atual governo e também orgulho na sua terra natal. Segundo consta, muitos destes refugiados alimentares regressam à Coreia do Norte depois de terem ganho dinheiro suficiente.

Em fevereiro de 2005, a Coreia do Norte declarou ter armas nucleares, o que suscitou apelos generalizados para que o país regressasse às conversações a seis com o objetivo de travar o seu projeto nuclear. No início, foi muito discutido por fontes estrangeiras se a RPDC possuía ou não armas nucleares, e várias fontes russas afirmaram que a Coreia do Norte não possui a tecnologia adequada e útil para construir uma arma nuclear. Há exatamente quatro anos, a Coreia do Norte declarou ter detonado com êxito um engenho nuclear subterrâneo (às 10h36, hora local) mas, pelo menos, sem qualquer fuga de radiação. O centro de monitorização sísmica da Coreia do Sul confirmou o registo de um tremor de magnitude 3,6, enquanto a Coreia do Norte afirmou ter realizado o teste e que não se tratou de um acontecimento natural. Para além disso, a Coreia do Norte tem um programa de desenvolvimento de mísseis muito ativo. De facto, testou um veículo de lançamento espacial Taepondong-1, que foi lançado com êxito, mas não conseguiu chegar à órbita. Em julho de 2006, a Coreia do Norte testou um ICBM Taepodong-2 que, segundo consta, poderia atingir a costa oeste dos EUA na versão de duas fases ou mesmo todo o território dos EUA com uma terceira fase. Não é claro quais são as suas capacidades exactas nem quão perto está a Coreia do Norte de aperfeiçoar a tecnologia.

Os progressos da Coreia do Norte em matéria de armamento parecem conferir-lhe poder nas negociações em curso com as Nações Unidas e os Estados mais influentes do planeta. Em fevereiro de 2007, a Coreia do Norte assinou um acordo com os EUA, a Coreia do Sul, a China, a Rússia e o Japão, segundo o qual a Coreia do Norte só desligará o reator nuclear de Yongbyon em troca de apoio energético e económico. No entanto, a Coreia do Norte prosseguiu o seu programa de ensaios nucleares durante o ano transato. As tensões entre o Norte e o Sul começaram em março passado, quando um navio da marinha sul-coreana foi afundado, tendo sido posteriormente revelado que a causa foi um torpedo da Coreia do Norte.

Direitos do Homem

Dada a sua natureza isolacionista, o historial da Coreia do Norte em matéria de direitos humanos é difícil de avaliar. De qualquer forma, a Coreia do Norte mantém um registo de violações graves e consistentes dos direitos humanos, decorrentes do controlo total do governo sobre todas as actividades. Todas as fontes de comunicação social, como a televisão, a rádio e as organizações noticiosas, são frequentemente e fortemente censuradas e supervisionadas pelo regime. A RPDC está classificada em penúltimo lugar no Índice Mundial de Liberdade de Imprensa. As violações dos direitos humanos registadas incluem detenções arbitrárias e prolongadas, tratamentos degradantes, proibições, más condições prisionais, execuções públicas ou restrições rigorosas à liberdade de expressão, de imprensa, de religião, de circulação, de privacidade e de reunião, a negação do direito do povo a mudar de governo e a supressão dos direitos dos trabalhadores.

1.6 Defesa e questões militares

A Coreia do Norte tem um dos maiores exércitos do mundo. Tem uma força militar no ativo de 1,2 milhões de efectivos, em comparação com os quase 700.000 do Sul. Os custos militares estão estimados em cerca de um quarto do PNB, com até 20% dos homens com idades compreendidas entre os 17 e os 54 anos nas forças armadas normais. As forças norte-coreanas têm uma vantagem numérica importante sobre as forças do Sul (cerca de 2 para 1) em muitas categorias importantes de armas ofensivas - artilharia de longo alcance e tanques. A RPDC possui uma das maiores forças de operações especiais do mundo, concebida para se inserir atrás das linhas em tempo de guerra. A marinha norte-coreana é sobretudo uma marinha costeira, com frotas de submarinos e uma antiga marinha de superfície. A sua força aérea tem o dobro do número de aviões que a do Sul.

A Coreia do Norte concentra a maior parte das suas forças bem à frente, ao longo da DMZ, a Zona Desmilitarizada Coreana, tendo sido descobertos alguns túneis militares norte-coreanos sob esta zona durante a década de 1970. Mais tarde, a Coreia do Norte reuniu novamente o seu exército e deslocou algumas tropas da retaguarda para reforçar os bunkers mais próximos da DMZ. Devido à proximidade da capital sul-coreana, Seul, da DMZ (cerca de 25 milhas), é provável que os exércitos dos EUA e da Coreia do Sul sejam pouco avisados de um ataque. Os EUA e a Coreia do Sul continuam a pensar que a presença das forças norte-americanas na Coreia do Sul continua a ser um fator de dissuasão eficaz. O programa de armas nucleares da Coreia do Norte também tem sido uma fonte de tensão global. Em 1953, foi criada a Comissão de Armistício Militar MAC com o objetivo de verificar e impor os termos do armistício. A Coreia do Norte solicitou o desarmamento da MAC, numa tentativa de criar um novo "mecanismo de paz" na península e, durante a primavera de 1994, declarou a MAC inútil e levou os seus representantes.

1.7 A Coreia do Sul num ápice

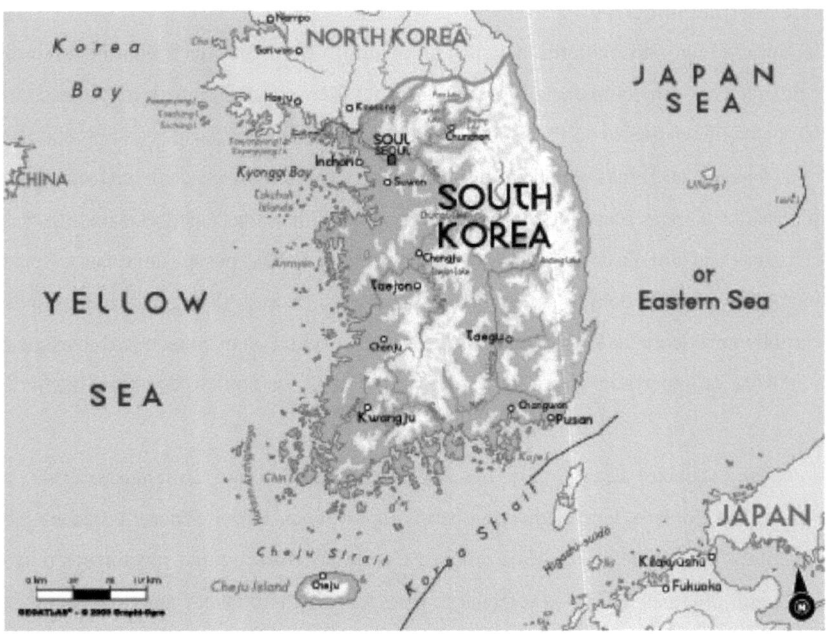

A **ROK** (**República** Presidencial **da Coreia**) ou **Coreia do Sul** é a parte sul da península coreana na Ásia Oriental (coordenadas geográficas: 38° 00' lat. - 33° 00' N; 126° 00' long. - 132° 00' E) e tem como vizinhos a Coreia do Norte a norte, a República Popular da China a oeste e o Japão a leste. O Mar do Japão situa-se a leste e o Mar Amarelo a oeste. A sua superfície é de cerca de 100 000 km^2 e uma população de mais de 51 milhões de habitantes, com uma densidade de 505/km^2 , é uma das populações mais étnica e linguisticamente bem misturadas e homogéneas do planeta (mas não como a Coreia do Norte), com um número muito baixo de chineses, japoneses, norte-coreanos, Filipinas, vietnamitas, indonésios, malaios, indianos, russos e minorias expatriadas europeias. Além disso, cerca de 45 000 professores de inglês da Austrália, Canadá, Irlanda, Malta, Nova Zelândia, África do Sul, Reino Unido e Estados Unidos vivem especialmente nas principais cidades sul-coreanas. O coreano é a língua nacional, mas o inglês está a difundir-se cada vez mais, sobretudo entre os jovens (o que não acontece na Coreia do Norte). A religião sul-coreana é composta da seguinte forma: quase 48% dos sul-coreanos são ateus, quase 30% são cristãos e 22% são budistas. A Coreia do Sul é membro das Nações Unidas (aderiu em 1991), da OCDE, da OMC e das principais economias do G-20. É também membro fundador da East Asia Summint e da Cooperação Económica Ásia-Pacífico (APEC).

Seul, a megacidade localizada na parte norte da nação, é a capital e a maior cidade; outras cidades sul-coreanas importantes são Busan, Daegu e Gwangju no sul, Incheon perto de Seul e Daejeon no centro. A moeda corrente é o won sul-coreano. A Coreia do Sul é a 17.^{ath} nação na classificação do Índice de Desenvolvimento Humano (IDH) de 2009, pertencendo ao grupo dos países desenvolvidos. A sua economia é, de facto, orientada para o mercado e muito avançada tecnologicamente, a esperança de vida é de cerca de 78,5 anos (75 homens) e 82 (mulheres) e, no que diz respeito à educação, é uma das melhores do mundo, com acesso à Internet de banda larga de fibra ótica de alta velocidade em todas as escolas primárias e secundárias do país. Não podemos esquecer de mencionar que a Coreia do Sul é um dos chamados "Quatro Tigres Asiáticos", juntamente com Hong Kong, Singapura e Taiwan. Existem cadeias montanhosas no leste do país, enquanto o sul, o norte e o oeste têm planícies, razão pela qual a maioria dos sul-coreanos vive no sul e no noroeste (em toda a área metropolitana de Seul vivem 24 milhões de habitantes, ou seja, metade da população sul-coreana). A Coreia do Sul tem um clima continental húmido temperado, afetado pela monção da Ásia Oriental, e não tem tantos sismos destrutivos como o Japão e a China.

1.8 História da Coreia do Sul do século passado

Na prática, a história da Coreia do Sul começa após a criação da Coreia do Sul, em 15 de agosto de 1948, embora Syngman Rhee (o primeiro presidente sul-coreano) tenha declarado a criação da Coreia do Sul em Seul, em 13 de agosto. A história da Coreia do Sul após a ocupação japonesa apresenta períodos alternados de governo democrático e autocrático. Os governos civis são convencionalmente numerados desde a Primeira República de Syngman Rhee até à atual Sexta República. A Primeira República, digamos democrática, no seu início, tornou-se cada vez mais autocrática até ao seu colapso em 1960. A Segunda República era muito democrática, mas foi derrubada em menos de um ano e substituída por um regime militar autocrático. A Terceira, a Quarta e a Quinta Repúblicas foram bastante democráticas, mas são frequentemente consideradas como a verdadeira continuação da ocupação militar. Com a última República, a nação transformou-se gradualmente numa democracia liberal. Desde a sua fundação, a República da Coreia registou um desenvolvimento evidente nos domínios da economia, da educação e da cultura. Por exemplo, a partir da década de 1960, a nação passou de um dos países mais pobres da Ásia para um dos países mais ricos do mundo, pertencendo, de facto, aos "Quatro Tigres" dos Estados asiáticos em ascensão, juntamente com Singapura, Taiwan e Hong Kong.

Após a rendição do Japão às potências aliadas, a divisão no paralelo 38 marcou o início da administração soviética e americana do Norte e do Sul, respetivamente. Esta divisão tinha um carácter provisório e destinava-se, em primeiro lugar, a devolver uma Coreia unificada ao seu povo quando os EUA, a República Popular da China, o Reino Unido e a União Soviética chegassem a uma administração fiduciária. Em fevereiro de 1945, a questão da tutela da Coreia foi tratada na Conferência de Ialta. O exército americano desembarcou em Incheon em setembro de 1945 e estabeleceu um governo militar. O exército americano desembarcou em Incheon em setembro de 1945 e estabeleceu um governo militar, chefiado pelo tenente-general J. R. Hodge, que assumiu a chefia do governo. A insatisfação popular era cada vez maior e, em outubro de 1945, Hodge fundou o Conselho Consultivo Coreano. Mais tarde, foram criados uma legislatura e um governo provisórios, liderados por Kim Kyu-shik e Syngman Rhee, respetivamente. A propósito, estas soluções provisórias não tinham qualquer autoridade independente ou soberania de jure, que continuava a ser assegurada pelo Governo Provisório da República da Coreia, sediado na China, mas os dirigentes norte-americanos queriam ignorar a sua legitimidade, por considerarem que era pró-comunista. Nestes anos, a Coreia do Sul foi assolada por um caos económico e político, devido a várias razões. Os efeitos da exploração japonesa faziam-se sentir em toda a península coreana. Para além disso, os militares norte-americanos não estavam preparados para o desafio de administrar o Estado, porque não tinham qualquer conhecimento da língua, antes de mais, da situação política e da cultura. Desta forma, muitas das suas políticas tiveram consequências negativas e desestabilizadoras. Muitos refugiados e retornados norte-coreanos do estrangeiro também contribuíram para manter o país com tumultos e motins. Após a Segunda Guerra Mundial, realizou-se em Moscovo uma conferência para tratar do futuro da península coreana, tendo sido discutida uma tutela de cinco anos e criada uma comissão mista soviética e norte-americana. Esta comissão reuniu-se periodicamente em Seul, mas não encontrou qualquer solução para a questão da criação de um governo nacional. Em setembro de 1947, perante o impasse, os EUA submeteram toda a questão coreana à Assembleia Geral da ONU. A resolução da Assembleia Geral das Nações Unidas exigia a realização de eleições gerais supervisionadas pelas Nações Unidas na Coreia, mas como o Norte recusou esta proposta, realizaram-se eleições gerais para uma Assembleia Constitucional apenas no Sul, em maio de 1948. Foi adoptada uma Constituição que estabelecia uma forma de governo presidencial e especificava um mandato de quatro anos para a presidência. Em julho, realizou-se uma eleição presidencial indireta, em conformidade com as disposições da Constituição, tendo Syngman

Rhee, presidente da nova assembleia, assumido a presidência e proclamado a República da Coreia (ROK, mais conhecida por Coreia do Sul) em 15th de agosto de 1948.

1.9 Primeira e Segunda República

Um mês mais tarde, foi proclamado um regime comunista, a RPDC (Coreia do Norte), sob a direção de Kim II Sung. No entanto, em dezembro de 1948, através da resolução 195 da Terceira Assembleia Geral, a ONU reconheceu a Coreia do Sul (ROK) como o único governo legal da península. A exigência de uma reforma agrária no Sul surgiu rapidamente; a lei da reforma agrária foi publicada em junho de 1949, segundo a qual os coreanos com grandes propriedades eram obrigados a despojar a maior parte do seu território. Assim, cerca de 40% do total dos agregados familiares agrícolas tornaram-se pequenos proprietários. Felizmente, como foram reconhecidos direitos de preferência às pessoas que tinham laços com os proprietários de terras antes da libertação, vários grupos pró-japoneses conservaram ou ganharam terras.

Depois de o exército russo ter retirado as suas tropas em 1948, a Coreia do Norte esperava que a Coreia do Sul também abandonasse as forças dos EUA, mas Rhee queria absolutamente alinhar o seu governo estreitamente com os americanos, e assim contra a Coreia do Norte e o Japão. Entretanto, o governo beneficiava de uma grande ajuda americana, em montantes por vezes próximos da totalidade do orçamento nacional. O governo nacionalista prosseguiu quase todas as práticas da ocupação americana, por exemplo a repressão brutal da atividade esquerdista. O objetivo fundamental da política da Primeira República em relação à Coreia do Norte era a unificação através da expansão para norte e o anticomunismo. As forças armadas do Sul não estavam suficientemente preparadas nem organizadas, mas a administração Rhee estava certa de que reunificaria a Coreia através de um exército militar com o apoio decisivo dos EUA. Nas segundas eleições parlamentares, realizadas em maio de 1950, a maioria dos lugares foi atribuída a independentes, o que confirmava a fragilidade da nação e a falta de ajuda. No final de junho de 1950, as tropas norte-coreanas atacaram a Coreia do Sul, invadindo o seu território. Liderada pelos EUA, uma aliança de 16 membros iniciou a primeira ação colectiva no âmbito do UNC (United Nations Command). Quando a República Popular da China entrou em ação em nome da Coreia do Norte, em 1951, os combates chegaram a um impasse perto da linha de demarcação original. As negociações de armistício, iniciadas em julho de 1951, terminaram finalmente dois anos mais tarde em Panmunjeom, atualmente na DMZ. Após o armistício, o governo sul-coreano regressou a Seul na data histórica e simbólica de 15 de agosto de 1953 (ou seja, exatamente cinco anos depois da criação da República da Coreia). Durante o período pós-armistício, a Coreia do Sul sofreu perturbações políticas durante os anos de liderança autocrática de S. Rhee, que terminou com a revolta dos estudantes em 1960. Ao longo do seu governo, Rhee procurou dar mais passos para construir o seu controlo efetivo do governo, iniciado em 1952, quando o governo já não estava sediado em Seul, mas em Busan, devido à guerra em curso. Em maio do mesmo ano, Rhee fez aprovar emendas constitucionais que tornaram a presidência um cargo diretamente eleito. Para o efeito, prendeu grupos antigovernamentais, membros do parlamento e manifestantes opositores e declarou a lei marcial, pelo que foi facilmente reeleito por uma larga margem. Assim, graças a estas eleições, Rhee recuperou o controlo total do parlamento e, de imediato, fez aprovar de forma fraudulenta uma nova emenda com o objetivo de se exonerar do limite de oito anos do mandato, pelo que foi novamente reeleito em 1956. A administração de Rhee prendeu alguns membros do partido rival e executou o seu líder, acusando-o de ser um espião da RDPC.

A administração estava a tornar-se repressiva de ano para ano, enquanto dominava a arena política e, em 1958, alterou alguns elementos da Lei de Segurança Nacional para reforçar o controlo governamental sobre todos os níveis da administração, incluindo as unidades locais. Estas medidas provocaram a indignação do povo, mas, apesar do descontentamento popular, a administração de Rhee fez batota nas eleições presidenciais de março de 1960 e ganhou largamente. No dia das eleições, eclodiram em Masan revoltas populares contra as irregularidades do ato eleitoral. Inicialmente, esses protestos foram reprimidos à força pela polícia local, mas quando o corpo de um estudante foi encontrado a boiar no porto de Masan, o país inteiro ficou furioso e as revoltas espalharam-se por toda a nação. Em abril, estudantes de diferentes escolas e universidades reuniram-se e marcharam em manifestação no centro da cidade de Seul, durante a chamada Revolução de abril. Outros motins por todo o país abalaram totalmente o governo e também por isso Rhee teve de apresentar a sua demissão formal a 26th de abril de 1960. Após a revolução estudantil, o poder foi brevemente detido por uma administração interina chefiada pelo Ministro dos Negócios Estrangeiros Heo Jeong, tendo sido realizadas novas eleições parlamentares em julho. O Partido Democrático, que tinha estado na oposição durante a Primeira República, ganhou imediatamente o poder e foi instaurada a Segunda República. A Constituição revista determinou que a Segunda República assumisse a forma de um sistema de gabinete parlamentar em que o Presidente desempenhava apenas um papel nominal. Esta foi a primeira e única vez que a Coreia do Sul adoptou um sistema de gabinete parlamentar em vez de um sistema presidencial. Em agosto de 1960, a assembleia elegeu Yun Bo-seon como Presidente e Chang Myon como Primeiro-Ministro e Chefe do Governo. A Segunda República assistiu à proliferação da atividade política que tinha sido reprimida durante o regime de Rhee. Grande parte desta atividade provinha de grupos de esquerda e de estudantes, que tinham sido fundamentais para o derrube da Primeira República. A filiação e a atividade sindical cresceram rapidamente durante os últimos meses de 1960, incluindo o Sindicato dos Professores, o Sindicato dos Jornalistas e a Federação dos Sindicatos Coreanos. Durante os oito meses da Segunda República, realizaram-se cerca de 2.000 manifestações. Sob pressão da esquerda, o Governo de Chang procedeu a uma série de purgas de funcionários militares e policiais envolvidos em actividades antidemocráticas ou de corrupção. Em outubro de 1960, foi aprovada uma lei especial para o efeito. Foram colocadas sob investigação 40.000 pessoas; destas, mais de 2.300 funcionários públicos e 4.000 agentes da polícia foram expurgados. Além disso, o Governo considerou a possibilidade de reduzir o exército em 100 000 efectivos, mas este plano foi arquivado. Também em termos económicos, o governo viu-se confrontado com uma instabilidade crescente. O governo elaborou um plano quinquenal de desenvolvimento económico, mas não conseguiu pô-lo em prática antes de ser derrubado. A Segunda República viu o *hwan* perder metade do seu valor em relação ao dólar entre o outono de 1960 e a primavera de 1961. Embora o governo tivesse sido estabelecido com o apoio do povo, não conseguiu implementar reformas eficazes, o que provocou uma interminável agitação social e política e, por fim, o golpe de Estado de 5.16.

O golpe de Estado militar ("golpe de Estado de 5.16") liderado pelo Major-General Park Chung-hee em maio de 1961 pôs efetivamente fim à Segunda República. Park fazia parte de um grupo de chefes militares que tinham vindo a promover a despolitização das forças armadas. Insatisfeitos com as medidas de saneamento empreendidas pela Segunda República e convencidos de que o atual estado de desorientação iria cair no comunismo, decidiram tomar o assunto nas suas próprias mãos. A Assembleia Nacional foi dissolvida e os oficiais militares substituíram os funcionários civis. Em maio de 1961, a junta declarou as "Promessas da Revolução": o anticomunismo seria a principal política da nação; as relações de amizade seriam reforçadas com os aliados do mundo livre, nomeadamente os Estados Unidos; toda a corrupção e delitos do governo seriam eliminados e seria introduzida uma "moralidade fresca e limpa"; a reconstrução de uma economia autossuficiente seria a prioridade; a capacidade da nação seria alimentada para lutar contra o comunismo e alcançar a reunificação; e o governo seria substituído por um governo civil democrático no prazo de dois anos. Como forma de controlar a oposição, a autoridade militar criou a Agência Central de Informações da Coreia (KCIA) em junho de 1961, sendo Kim Jong-pil, um familiar de Park, o seu primeiro diretor. Em dezembro de 1962, foi realizado um referendo sobre o regresso a um sistema de governo presidencial, que terá sido aprovado por uma maioria de 78%. Park e os outros líderes militares comprometeram-se a não concorrer às eleições seguintes. No entanto, Park tornou-se candidato presidencial do novo

Partido Democrático Republicano (DRP), constituído maioritariamente por funcionários do KCIA, concorreu às eleições presidenciais e venceu as eleições de 1963 por uma margem estreita.

A administração de Park iniciou a Terceira República com o anúncio do Plano Quinquenal de Desenvolvimento Económico, uma política de industrialização orientada para a exportação. A prioridade máxima foi colocada no crescimento de uma economia autossuficiente e na modernização; "Desenvolvimento Primeiro, Unificação Depois" tornou-se o slogan da época e a economia cresceu rapidamente com uma vasta melhoria da estrutura industrial, especialmente nas indústrias química básica e pesada. O regime de Park utilizou o afluxo de ajuda externa do Japão e dos Estados Unidos para conceder empréstimos às empresas exportadoras, com tratamento preferencial na obtenção de empréstimos bancários a juros baixos e benefícios fiscais.

Cooperando com o governo, estas empresas tornar-se-iam mais tarde os "chaebol". As relações com o Japão foram normalizadas pelo tratado Coreia-Japão, ratificado em junho de 1965. Este tratado trouxe fundos japoneses sob a forma de empréstimos e indemnizações pelos danos sofridos durante a era colonial, sem um pedido oficial de desculpas por parte do governo japonês, o que provocou muitos protestos em todo o país. O governo também manteve laços estreitos com os Estados Unidos e continuou a receber grandes quantidades de ajuda. Em 1966, foi celebrado um acordo sobre o estatuto das forças, que clarificou a situação jurídica das forças norte-americanas estacionadas no país. Pouco depois, a Coreia aderiu à guerra do Vietname, acabando por enviar um total de 300.000 soldados para combater ao lado das tropas sul-vietnamitas e norte-americanas.

O crescimento económico e tecnológico durante este período melhorou o nível de vida, o que aumentou as oportunidades de educação. Os trabalhadores com formação superior foram absorvidos pelos sectores industrial e comercial em rápido crescimento e a população urbana aumentou. A construção da via rápida de Gyeongbu foi concluída e ligou Seul à região sudeste do país e às cidades portuárias de Busan e Incheon. No entanto, apesar do imenso crescimento económico, o nível de vida dos trabalhadores urbanos e dos agricultores continuava a ser baixo. Os operários trabalhavam com salários baixos para aumentar a competitividade dos preços do plano económico orientado para a exportação e os agricultores encontravam-se numa situação de quase pobreza, uma vez que o governo controlava os preços. No entanto, à medida que a economia rural foi perdendo terreno e causando dissidência entre os agricultores, o governo decidiu implementar medidas para aumentar a produtividade e o rendimento das explorações agrícolas, instituindo o chamado Movimento da Nova Aldeia em 1971 ("Movimento Saemauel"). O objetivo do movimento era modernizar as sociedades urbanas e rurais e reduzir a diferença de rendimentos entre elas. Park voltou a candidatar-se nas eleições de 1967, tendo obtido 51,4% dos votos. Na altura, a presidência estava constitucionalmente limitada a dois mandatos, mas, em 1969, a Assembleia Nacional aprovou uma alteração que lhe permitiu candidatar-se a um terceiro mandato. A alteração constitucional foi objeto de grandes protestos e manifestações, com um grande apoio ao líder da oposição Kim Dae-jung (Prémio Nobel da Paz em 2000), mas Park foi novamente eleito nas eleições presidenciais de 1971.

Pouco depois das eleições presidenciais, realizaram-se eleições parlamentares, nas quais o partido da oposição obteve a maioria dos lugares, o que lhe deu o poder de aprovar alterações constitucionais. Park, sentindo-se ameaçado, declarou o estado de emergência nacional em dezembro de 1971. No meio desta insegurança interna, a Doutrina Nixon tinha aliviado as tensões entre as superpotências mundiais na cena internacional, o que causou um dilema a Park, que tinha justificado o seu regime com base na política estatal de anti-comunismo.

Num gesto repentino, o governo proclamou um comunicado conjunto para a reunificação com a Coreia do Norte em julho de 1972 e realizou conversações com a Cruz Vermelha em Seul e Pyongyang. No entanto, não se verificou qualquer alteração na política governamental relativa à reunificação e, em outubro de 1972, Park declarou a lei marcial, dissolvendo a Assembleia Nacional e suspendendo a Constituição.

1.10 Quarta, quinta e última República

A Quarta República teve início com a adoção da Constituição de Yusin, em novembro de 1972. Esta nova constituição conferiu ao Parque um controlo efetivo sobre o parlamento e a possibilidade de uma presidência permanente. O presidente seria eleito por sufrágio indireto por um órgão eletivo e o mandato da presidência foi alargado para 6 anos, sem restrições à recondução. O poder legislativo e o poder judicial eram controlados pelo governo e as orientações educativas estavam também sob vigilância direta. Os manuais escolares que apoiavam a ideologia do governo militar foram autorizados pelo governo, diminuindo as responsabilidades do Ministério da Educação. Apesar da agitação social e política, a economia continuou a florescer sob o regime autoritário com a política de industrialização baseada na exportação. Os dois primeiros planos quinquenais de desenvolvimento económico foram bem sucedidos e os terceiro e quarto planos quinquenais centraram-se na expansão das indústrias pesada e química, aumentando a capacidade de produção de aço e de refinação de petróleo. No entanto, os grandes conglomerados chaebols continuaram a receber tratamento preferencial e rapidamente passaram a dominar o mercado nacional. Como a maior parte do desenvolvimento provinha de capitais estrangeiros, a maior parte dos lucros revertia para o reembolso dos empréstimos e dos juros. Os estudantes e os activistas pela democracia continuaram as suas manifestações e protestos pela abolição do sistema Yushin e, perante a contínua agitação popular, a administração de Park promulgou decretos de emergência em 1974 e 1975, que levaram à prisão de centenas de dissidentes. Os protestos tornaram-se cada vez maiores e mais fortes, com políticos, intelectuais, líderes religiosos, trabalhadores e agricultores a juntarem-se ao movimento pela democracia. Em 1978, Park foi eleita para mais um mandato por eleição indireta, o que foi recebido com mais manifestações e protestos. O Governo retaliou, retirando o líder da oposição Kim Young-sam da assembleia e reprimindo os activistas com meios violentos. Em 1979, ocorreram manifestações em massa contra o governo em todo o país. No meio desta agitação política, Park Chung-hee foi assassinado pelo diretor da KCIA, Kim Jae-kyu, pondo assim termo a 18 anos de regime militar. Após a morte de P. Chung-hee, o Primeiro-Ministro Choi Kyu-hah assumiu o cargo de Presidente, que foi usurpado seis dias depois pelo golpe de Estado de 1979 do Major-General Chun Doo-hwan, em 12 de dezembro. Em maio do ano seguinte, a sociedade civil, composta principalmente por estudantes universitários e sindicatos, organizou fortes protestos contra o regime autoritário em todo o país. Chun Doo-hwan declarou a lei marcial em maio de 1980 e os protestos intensificaram-se. Os opositores políticos Kim Dae-jung e Kim Jong-pil foram presos e K. Young-sam foi confinado em prisão domiciliária. Em 1980, eclodiu um confronto em Gwangju entre estudantes da Universidade Nacional de Chonnam que protestavam e as forças armadas enviadas pelo Comando da Lei Marcial. O incidente transformou-se num protesto em toda a cidade, o chamado Massacre de Gwangju. As estimativas imediatas do número de mortos entre os civis variaram entre algumas dezenas e 2000, tendo um inquérito completo efectuado posteriormente pelo governo civil apurado cerca de 200 mortos e 850 feridos.

Em setembro desse ano, Chun foi eleito presidente por eleição não direta e tomou posse em março do ano seguinte, dando oficialmente início à República de 5th . Foi estabelecida uma nova Constituição com alterações notáveis: manutenção do sistema presidencial, mas limitando-o a um único mandato de 7 anos, reforço da autoridade da Assembleia Nacional e atribuição das responsabilidades de nomeação do poder judicial ao Presidente do Supremo Tribunal. No entanto, o sistema de eleição indireta do Presidente manteve-se e muitos militares foram nomeados para cargos governamentais de alto nível, mantendo-se os resquícios da era Yushin. O Governo prometeu uma nova era de crescimento económico e de justiça democrática. Leis monetárias rigorosas e taxas de juro baixas contribuíram para a estabilidade dos preços e ajudaram a impulsionar a economia, com um crescimento notável das indústrias eletrónica, de semicondutores e automóvel. O país abriu-se aos investimentos estrangeiros e o PIB aumentou com o crescimento das exportações coreanas. No entanto, o rápido crescimento económico aumentou o fosso entre ricos e pobres, entre as regiões urbanas e rurais, bem como os conflitos inter-regionais. Estas dissensões, aliadas às medidas de linha dura adoptadas contra a oposição ao governo, deram origem a um intenso movimento rural e estudantil, que se prolongou desde o início da República. No domínio da política externa, os laços com o Japão foram reforçados com as visitas de Estado de Chun ao Japão e do Primeiro-Ministro japonês Nakasone Yasuhiro à Coreia. O Presidente dos EUA, Ronald Reagan, também efectuou uma visita e as relações com a República Popular da China e a Rússia melhoraram. As relações com a Coreia do Norte foram tensas no início, quando, em 1983, um atentado terrorista à bomba em Myanmar matou 17 altos funcionários que participavam em cerimónias fúnebres, tendo a Coreia do Norte sido acusada de estar na origem dos ataques. No entanto, em 1980, a Coreia do Norte apresentou o lema "uma nação, dois sistemas" como proposta de reunificação, tendo o Sul sugerido que se reunissem e preparassem uma constituição e um governo de unificação através de um referendo. A questão humanitária da reunificação das famílias separadas foi tratada em primeiro lugar e, em setembro de 1985, famílias de ambos os lados da fronteira fizeram visitas cruzadas a Seul e a Pyongyang, num acontecimento histórico.

O governo fez muitos esforços para o desenvolvimento cultural: o Museu Nacional da Coreia, o Centro de Artes de Seul e o Museu Nacional de Arte Contemporânea foram todos construídos durante este período. Os Jogos Asiáticos de 1986 realizaram-se com êxito e a candidatura para os Jogos Olímpicos de verão de 1988 em Seul também foi bem sucedida. Apesar do crescimento económico e dos resultados diplomáticos, o governo, que tinha ganho o poder através de um golpe de Estado, era essencialmente um regime militar. O apoio e a confiança do público foram reduzidos quando as promessas de justiça democrática nunca se concretizaram. Nas eleições para a Assembleia Nacional de 1985, os partidos da oposição obtiveram, em conjunto, mais votos do que o partido do governo, o que indica claramente que o público queria uma mudança. Muitos começaram a simpatizar com os estudantes em protesto. O Massacre de Gwangju nunca foi esquecido e, em janeiro de 1987, quando um estudante que protestava na Universidade Nacional de Seul morreu sob interrogatório policial, a fúria pública foi imensa. Em abril de 1987, o Presidente Chun declarou, numa tentativa de dominar a oposição, que seriam tomadas medidas para proteger a atual Constituição no final do seu mandato, em vez de contemplar uma reforma constitucional que exigisse a eleição direta do Presidente. Este anúncio consolidou o povo, com mais de um milhão de estudantes e cidadãos a participarem em protestos antigovernamentais em todo o país, em junho de 1987, no Movimento Democrático de junho. Em junho de 1987, o candidato presidencial do Governo, Roh Tae-woo, cedeu às reivindicações e anunciou a

Declaração de Reformas Políticas, que exigia a realização de eleições presidenciais diretas e a restauração dos direitos civis. Em outubro de 1987, foi aprovada por referendo nacional uma Constituição revista e, em dezembro, realizaram-se eleições diretas para um novo presidente, pondo fim à Quinta República.

A Sexta República teve início em 1987 e continua a ser a atual república da Coreia do Sul (2010). Começou com a eleição de Roh Tae-woo como Presidente para o 13th mandato presidencial, na primeira eleição presidencial direta em 16 anos. Embora Roh fosse de origem militar e um dos líderes do golpe de Estado de Chun, a incapacidade dos líderes da oposição Kim Dae Jung e Kim_Young Sam de chegarem a acordo sobre uma candidatura unificada levou à sua eleição. Roh foi oficialmente empossado em fevereiro de 1988. O governo decidiu eliminar os vestígios de um regime autoritário, revendo as leis e os decretos para os adaptar às disposições democráticas. A liberdade de imprensa foi alargada, a autonomia das universidades foi reconhecida e foram levantadas as restrições às viagens ao estrangeiro. No entanto, o crescimento da economia abrandou em comparação com a década de 80, com os fortes sindicatos e os salários mais elevados a reduzirem a competitividade dos produtos coreanos no mercado internacional, o que resultou numa estagnação das exportações, enquanto os preços dos produtos de base continuavam a subir. Pouco depois da tomada de posse de Roh, realizaram-se os Jogos Olímpicos de Seul, que aumentaram o reconhecimento internacional da Coreia do Sul e influenciaram grandemente a sua política externa. O governo de Roh anunciou o plano oficial de unificação, a Nordpolitik, e estabeleceu relações diplomáticas com a China e a União Soviética. Em 1990, teve lugar um acontecimento histórico, quando a Coreia do Norte aceitou a proposta de intercâmbio entre as duas Coreias, dando origem a conversações de alto nível e a intercâmbios culturais e desportivos. Em 1991, foi acordado um comunicado conjunto sobre a desnuclearização e as duas Coreias tornaram-se simultaneamente membros da ONU. No final do mandato de Roh, K. Young-sam foi eleito presidente nas eleições de 1992. Foi o primeiro presidente civil do país em 30 anos. O governo começou a corrigir os erros das administrações anteriores. Em 1995, realizaram-se eleições autárquicas e, em 1996, eleições legislativas. A pedido da população, os antigos presidentes Chun e Roh foram ambos acusados de suborno, de financiamento ilegal e, no caso de Chun, de serem responsáveis pelos motins de Gwangju. Foram julgados e condenados a penas de prisão em dezembro de 1996. *As relações com o Norte* melhoraram e foi planeada uma cimeira, mas foi adiada indefinidamente com a morte de Kim Il Sung. As tensões entre as duas Coreias variaram desde então, com ciclos de pequenas escaramuças militares e pedidos de desculpa. O governo também realizou reformas financeiras e económicas substanciais, aderiu à OCDE em

1996, mas enfrentou uma crise com escândalos políticos e financeiros. O país também enfrentou várias catástrofes nessa altura: colisão de comboios e naufrágio de navios em 1993, queda da ponte Seongsu de Seul e do armazém Sampoong em 1994. Estes incidentes, que custaram muitas vidas, foram um golpe para o governo civil. Em 1997, a nação sofreu uma grave crise financeira e o governo teve de recorrer ao Fundo Monetário Internacional para obter fundos de emergência. Este foi o limite do que a nação podia suportar e levou a que o líder da oposição Kim Dae-jung ganhasse a presidência nesse mesmo ano. Kim Dae-jung foi oficialmente empossado em fevereiro de 1998. A Coreia do Sul tinha mantido o seu empenhamento na democratização dos seus processos políticos e esta foi a primeira transferência do governo entre partidos por meios pacíficos. O governo de Kim enfrentou a difícil tarefa de ultrapassar a crise económica, mas com os esforços conjuntos do governo na procura agressiva de investimento estrangeiro, a cooperação da indústria e a campanha de recolha de ouro dos cidadãos, o país conseguiu sair da crise num período de tempo relativamente curto.

1.11 O século XXI

Foi prosseguida a reconstrução industrial dos grandes conglomerados chaebols, foi criado um sistema nacional de pensões em 1998, foram realizadas reformas educativas, foi aumentado o apoio governamental ao sector das tecnologias da informação e foram registadas propriedades culturais notáveis como património cultural da UNESCO. No que respeita à diplomacia, Kim Dae-jung prosseguiu a "Sunshine Policy", uma série de esforços de reconciliação com a Coreia do Norte. Esta política culminou com a reunião das famílias separadas durante a guerra da Coreia e com a cimeira com o líder norte-coreano Kim Jong-il. Graças a estes esforços, Kim Dae-jung foi galardoado com o Prémio Nobel da Paz em 2000. De qualquer forma, como a Coreia do Norte não colaborou para uma coexistência pacífica, e com os ataques terroristas aos Estados Unidos em 11 de setembro de 2001, que alteraram a visão dos EUA sobre a Coreia do Norte, a eficácia da Sunshine Policy foi posta em causa. Com as alegações de corrupção que se lhe juntaram, o apoio diminuiu nos últimos anos da administração. Roh Moo-Hyun foi eleito para a presidência em dezembro de 2002 por eleição direta. A sua vitória foi muito apoiada pela geração mais jovem e pelos grupos cívicos que tinham esperança numa democracia participativa, pelo que a administração de Roh foi lançada com o lema "governo participativo". Ao contrário dos governos anteriores, a administração decidiu adotar uma perspetiva de longo prazo e executar reformas baseadas no mercado a um ritmo gradual. No entanto, esta abordagem não agradou à opinião pública e, no final de 2003, os índices de aprovação estavam a descer. A administração Roh conseguiu ultrapassar o regionalismo na política sul-coreana, diluir os laços de conivência entre a política e os negócios, dar mais poder à sociedade civil, resolver a questão do acordo de comércio livre entre a Coreia e os Estados Unidos, prosseguir as conversações na cimeira com a Coreia do Norte e lançar o sistema de comboios de alta velocidade, KTX. No entanto, apesar do boom do mercado bolsista, as taxas de desemprego dos jovens eram elevadas, os preços do imobiliário dispararam e a economia ficou para trás.

Em 2004, a Assembleia Nacional votou a impugnação de Roh sob a acusação de violação de leis eleitorais e de corrupção. Esta moção mobilizou os seus apoiantes e afectou o resultado das eleições parlamentares realizadas imediatamente a seguir, com o partido no poder a obter a maioria. Roh foi reintegrado em maio pelo Tribunal Constitucional, que anulou o veredito. No entanto, o partido no poder perdeu a maioria nas eleições parciais de 2005, uma vez que os planos de reforma não executados, a contínua agitação laboral, as disputas pessoais de Roh com os meios de comunicação social e os atritos diplomáticos com o Japão e os EUA suscitaram críticas à incompetência do governo em matéria de política, assuntos externos e questões socioeconómicas. Roh Moo-hyun e a sua família foram investigados por corrupção, Roh negou as acusações, mas suicidou-se saltando para uma ravina no ano passado. Tendo como princípio orientador o "pragmatismo criativo", a administração de Lee propôs-se revitalizar a economia em declínio, reativar os laços diplomáticos, estabilizar o bem-estar social e enfrentar os desafios da globalização. Em abril de 2008, o partido no poder obteve a maioria nas eleições para a Assembleia Nacional. Também nesse mês, a cimeira com os EUA ajudou a resolver a tensão entre os dois países causada pela política da anterior administração em relação à Coreia do Norte e foi discutido o Acordo de Comércio Livre Coreia-EUA. Lee concordou em levantar a proibição das importações de carne de bovino dos EUA, o que provocou tumultos maciços nos meses que se seguiram, com a paranoia de uma potencial doença das vacas loucas a tomar conta do país. As manifestações transformaram-se num campo de conflito político, que foi apaziguado quando o governo divulgou uma declaração sobre os pormenores das importações de carne de bovino. No início da administração, muitos problemas assolaram o governo: controvérsias relativas à nomeação de altos funcionários do governo, conflitos políticos galopantes, acusações de opressão dos meios de comunicação social e relações diplomáticas tensas com a Coreia do Norte e o Japão. A economia piorou com a recessão mundial que atingiu o país, a pior crise económica desde 1997. A administração Lee abordou estas questões através de declarações activas, da remodelação atempada do gabinete e da implementação de reformas administrativas e industriais. Após as reformas regulamentares e económicas, a economia recuperou, com a economia do país a registar um crescimento e, aparentemente, a recuperar da recessão global. A administração também procurou melhorar as relações diplomáticas com conversações activas nas cimeiras: Estados Unidos; Cimeiras Coreia-China-Japão; e a Cimeira Comemorativa ASEAN-ROK para reforçar os laços com outros países asiáticos.

Capítulo 2

"Desde o naufrágio até outubro de 2010"

2.1 Escalada dos acontecimentos a partir de março de 2010

O naufrágio do ROKS *Cheonan* ocorreu em 26th de março de 2010, quando o navio da marinha sul-coreana (o *Cheonan)*, com 104 pessoas, se afundou ao largo da costa ocidental do país, perto da ilha de Baengnyeong, no Mar Amarelo, matando 46 marinheiros. Uma investigação liderada pela Coreia do Sul e levada a cabo por um grupo de peritos internacionais da Coreia do Sul, Austrália, Canadá, Suécia, Reino Unido e EUA apresentou um resumo da sua investigação em 20th de maio, declarando que o navio de guerra tinha sido afundado por um torpedo norte-coreano disparado por um submarino muito pequeno. As conclusões e afirmações do relatório foram contestadas pela China, pela investigação da Marinha russa e por outras fontes importantes. A Coreia do Norte negou qualquer responsabilidade. O Conselho de Segurança das Nações Unidas emitiu uma declaração presidencial condenando o ataque, embora sem identificar os culpados.

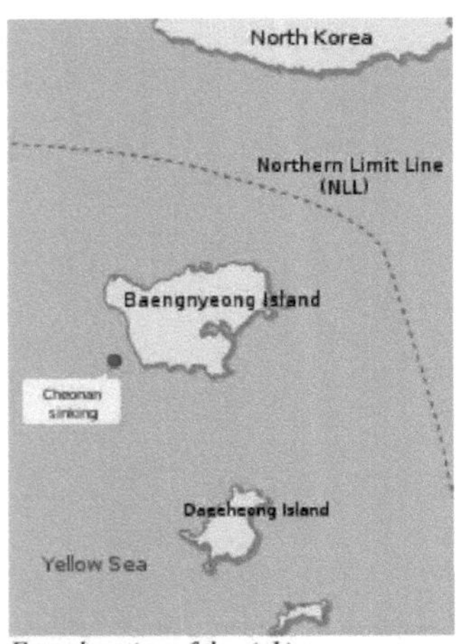

Exact location of the sinking

A ilha de Baengnyeong é uma ilha sul-coreana no Mar Amarelo, ao largo da península de Ongjin, na Coreia do Norte. Situa-se a menos de 16 km da costa norte-coreana e a mais de 160 km do continente sul-coreano. A ilha situa-se a oeste da NLL (Northern Limit Line), a fronteira *de facto* que divide a RPDC (Coreia do Norte) da ROK (Coreia do Sul). A zona é palco de graves tensões entre os dois países; embora o acordo de armistício para o impasse da guerra da Coreia estabelecesse que as ilhas pertenciam ao Sul, a fronteira marítima não foi abrangida pelo armistício e o mar é reivindicado pelo Norte. A situação é difícil também devido à presença de uma zona de pesca muito rica, utilizada por navios de pesca chineses e norte-coreanos, e ao longo dos anos têm-se registado várias lutas entre navios de guerra de ambos os lados que tentam policiar o que ambos consideram ser as suas próprias águas territoriais. Estas lutas foram designadas por "guerras do caranguejo". Na noite do naufrágio, as marinhas da Coreia do Sul e dos EUA estavam envolvidas em exercícios conjuntos de guerra anti-submarina a 75 milhas de distância do local do naufrágio. Este exercício fazia parte do exercício de guerra anual *Foal Eagle*, descrito como "um dos maiores exercícios simulados do mundo", e envolvia muitos navios de guerra novos da Coreia do Sul e dos EUA. No final de maio último, o professor B. Cumings, especialista em assuntos coreanos, afirmou que o naufrágio deveria ser concebido como parte de uma situação de tensão bilateral numa "terra de ninguém/águas" que remete para incidentes anteriores: de facto, em novembro de 2009, um navio norte-coreano foi incendiado. Não sabemos quantos norte-coreanos morreram nesse acidente. Trata-se de uma terra de ninguém ao largo da costa ocidental da Coreia, reivindicada tanto pelo Norte como pelo Sul. E o navio Cheonan estava a navegar nessas águas quando se afundou. Em 1999, um navio norte-coreano afundou-se com pelo menos 30 marinheiros perdidos e talvez setenta feridos. Trata-se de um total de vítimas maior do que o do Cheonan. À luz destes antecedentes, ausentes de grande parte da cobertura mediática, este incidente específico é simplesmente arrancado do contexto, o contexto de uma guerra contínua que nunca terminou. Apenas um armistício mantém a paz. Ainda em janeiro de 2010, houve uma troca de tiros perto da ilha de Baengnyeong.

Esforços de salvamento

No início, seis navios da marinha sul-coreana e dois da guarda costeira sul-coreana ajudaram no salvamento, bem como aviões da Força Aérea da República da Coreia. Em 27 de março, foi noticiado que as esperanças de encontrar com vida os 46 tripulantes desaparecidos estavam a desaparecer. O tempo de sobrevivência na água foi estimado em cerca de duas horas e as grandes ondas estavam a obstruir as tentativas de salvamento. Após o naufrágio, o Presidente Lee declarou que a recuperação dos eventuais sobreviventes era a principal prioridade. Foi bombeado ar para dentro do navio para manter vivos os sobreviventes. Durante os esforços de busca e salvamento, estiveram envolvidos 25 navios militares, incluindo pelo menos 5 navios da Marinha dos EUA. Uma semana mais tarde, a 3 de abril, as autoridades sul-coreanas declararam que um barco de pesca privado envolvido nas operações de salvamento tinha colidido com um cargueiro cambojano, afundando o barco de pesca e matando pelo menos duas pessoas, tendo sete sido dadas como desaparecidas. As autoridades sul-coreanas começaram por desvalorizar as sugestões de que a RPDC seria efetivamente responsável pelo naufrágio. Em 29 deth de março, na sequência de um exame subaquático dos destroços, K. Tae-Young, Ministro da Defesa, afirmou que a explosão poderia ter sido causada por uma mina norte-coreana, talvez deixada no local pela Guerra da Coreia há 60 anos. Poucos dias depois, afirmou que era "provável" que um torpedo tivesse afundado o *Cheonan*. O

O jornal sul-coreano *The Chosun Ilbo* noticiou a 31 de março que um submarino norte-coreano tinha sido observado perto do local do naufrágio por agências de informação sul-coreanas e americanas. Em 7 de abril, o Diretor do Serviço Nacional de Informações, Won Sei-hoon, declarou que, de acordo com as suas informações e com as obtidas junto da Agência Central de Informações dos EUA, não havia qualquer atividade norte-coreana invulgar no dia do naufrágio.

2.2 Investigações contínuas

Após o levantamento do navio, a Coreia do Sul e os EUA formaram uma equipa de investigação conjunta com o objetivo de descobrir as verdadeiras razões do naufrágio. Mais tarde, a Coreia do Sul declarou que tencionava formar um grupo internacional para investigar o naufrágio, incluindo a Grã-Bretanha, o Canadá, a Austrália e a Suécia. Em 16 de abril, o copresidente da equipa de investigação, Y. Duk-yong, anunciou que, numa primeira análise da popa *do Cheonan*, os investigadores sul-coreanos e norte-americanos não encontraram vestígios de que o casco tivesse sido atingido diretamente por um torpedo. Em vez disso, encontraram vestígios que provam que uma forte explosão causada possivelmente por um torpedo ocorreu debaixo de água. A explosão pode ter criado um jato de bolhas que acabou por provocar uma enorme onda de choque e fez com que o navio se partisse em dois. Em maio passado, foram encontrados vestígios de RDX, uma substância química fortemente explosiva utilizada nos torpedos. O *Washington Post* noticiou em 19th de maio que uma equipa de investigadores do Reino Unido, Austrália, EUA e Suécia tinha concluído que um torpedo norte-coreano tinha afundado o navio. A equipa concluiu que o torpedo utilizado era idêntico a um torpedo norte-coreano anteriormente capturado pela Coreia do Sul. Em 25th de abril, a equipa de investigação declarou que a causa do afundamento foi uma explosão submarina sem contacto. O inquérito concluiu que um grupo de pequenos submarinos, escoltados por um navio de apoio, partiu de uma base naval norte-coreana alguns dias antes do afundamento. A arma específica utilizada foi um torpedo CHT-02D de fabrico norte-coreano, do qual foram recuperadas partes substanciais. Os investigadores sul-coreanos pensam que um ou dois submarinos da RPDC, um submarino da classe Yono e outro da classe Sang O, partiram de uma base naval no Cabo Bipagot acompanhados por um navio de apoio em 23 de março. Um dos submarinos, de acordo com o relatório, desviou-se para o lado oeste da ilha de Baengnyeong, chegando a 25th de março. Aí, esperou cerca de 30 metros abaixo da superfície do oceano, em águas com 50 a 60 metros de profundidade, pela passagem do Cheonan. Os investigadores supõem que o submarino disparou o torpedo a cerca de 3 km de distância. O ataque parece ter sido programado para um período em que as forças das marés na zona eram lentas, tendo os navios norte-coreanos regressado ao porto a 28th de março. O relatório completo não foi divulgado ao público, embora o Governo da Coreia do Sul tencione divulgá-lo exatamente no outono. A legislatura sul-coreana recebeu uma sinopse de cinco páginas do relatório.

Um barco de patrulha sul-coreano lança uma carga de profundidade durante um exercício ao largo da cidade de Taean, na costa ocidental da Coreia do Sul, na quinta-feira, 27 de maio de 2010. Uma frota de navios de guerra sul-coreanos disparou artilharia e lançou bombas anti-submarinas durante um exercício militar de grande escala ao largo da costa ocidental da Coreia do Sul, apesar dos avisos da Coreia do Norte de que tais exercícios conduziriam a península à beira da guerra.

A Agência Central de Notícias da Coreia do Norte anunciou que é quase impossível que parte de um torpedo que causou tantos danos a um navio tenha sobrevivido. Em agosto passado, uma cópia preliminar do relatório foi obtida pela *revista Time*, que também obteve informações sobre a cópia final. De acordo com a *Time*, o relatório apresenta indícios de onze razões diferentes para o afundamento do navio, todas elas descartadas, exceto a do envolvimento da Coreia do Norte, que é considerada uma possibilidade muito elevada. A apoiar esta conclusão, o relatório afirma que testemunhas relataram ter visto flashes de sons ou luzes de uma explosão, bem como que a análise da Marinha dos EUA aos destroços concluiu que um torpedo contendo 250 kg de explosivos colidiu com o Cheonan 7 a 10 metros abaixo da linha de água. O relatório completo foi divulgado no passado dia 13th de setembro e concluiu que o Cheonan tinha sido afundado devido à explosão de um torpedo que, embora não tenha entrado em contacto com o navio, explodiu a alguns metros do casco do navio e provocou uma onda de choque suficientemente forte para danificar gravemente e afundar o navio. Em 27th de julho, segundo o jornal diário sul-coreano *The Hankyoreh* (que significa "um só país" ou "a raça coreana"), alguns investigadores russos concluíram que o Cheonan danificou uma das suas hélices antes da explosão sem contacto, ao tocar no fundo do mar, possivelmente devido à detonação de uma mina enquanto o navio tentava manobrar em águas mais profundas. O exame visual das peças do torpedo que a Coreia do Sul encontrou mostra que este se encontrava na água há mais de 6 meses.

Segundo a New America Media, durante as conversações entre os governos chinês e americano, em maio último, os responsáveis chineses afirmaram que o afundamento do Cheonan tinha sido consequência de uma mina ascendente americana, que está atracada ao fundo do mar e se propulsa contra um navio detectado pelo som, colocada durante os exercícios anti-submarinos realizados pelas marinhas dos EUA e da República da Coreia pouco antes do afundamento. Para apoiar as suas alegações, os chineses afirmaram que os submarinos norte-coreanos, como o que se crê ter afundado o Cheonan, não eram capazes de se deslocar sem serem detectados nas águas sul-coreanas, e que uma mina ascendente teria danificado o navio ao partir o casco, como aconteceu com o Cheonan, em vez de apenas perfurar o navio como faz um torpedo convencional. Um torpedo normal que viajasse a 40-50 nós seria também totalmente destruído aquando do impacto, o que contradiz as partes do torpedo encontradas mais tarde.

Um relatório publicado em linha pela "Nature" em 8th de julho refere alguns exemplos de grupos ou indivíduos que discordam do relatório oficial: um grupo de vigilância governamental sediado na Coreia do Sul, o People's Solidarity for Participatory Democracy, enviou uma carta ao CSNU (Conselho de Segurança das Nações Unidas) sobre o relatório oficial do governo da República da Coreia, afirmando que as provas apresentadas pelos sobreviventes contradiziam várias afirmações do relatório e que era improvável que o Cheonan não tivesse sido capaz de detetar o lançamento de um torpedo. Um grande grupo de familiares dos marinheiros desaparecidos protestou junto à base da marinha em Pyeongtaek devido à falta de informação que lhes era fornecida e foram levados para o local do navio afundado em 28th de março. Alguns familiares afirmaram que os sobreviventes tinham afirmado que o *Cheonan* se encontrava em mau estado de conservação. Os meios de comunicação social sul-coreanos levantaram a questão de saber por que razão o navio irmão *Sokcho,* que operava nas proximidades, não veio em socorro do navio que se afundava, tendo antes disparado tiros contra imagens de radar que mais tarde se confirmou serem de aves migratórias. Em 5th de abril, o Presidente Lee Myung-bak visitou a ilha de Baengnyeong, tendo reiterado que era arriscado especular sobre a causa do naufrágio e que a equipa conjunta de investigação militar e civil iria determinar a causa. Anunciou que a causa teria de ser encontrada de uma forma que satisfizesse não só os sul-coreanos mas também toda a comunidade internacional. Em 24 de maio, o Presidente Lee Myung-bak declarou que o Sul recorreria a medidas de autodefesa em caso de novas provocações militares por parte da República Popular Democrática da Coreia. Apoiou igualmente a readoção da descrição oficial do Norte como o principal inimigo. A Coreia do Sul procurou obter medidas do Conselho de Segurança da ONU após o incidente, embora a linguagem utilizada nas declarações do país relativamente a essas medidas se tenha tornado progressivamente mais fraca. Em anúncios feitos logo após o naufrágio, o governo afirmou que qualquer projeto apresentado pela Coreia do Sul declararia explicitamente que a Coreia do Norte era responsável pelo incidente, mas, no início de julho, a linguagem tinha sido reduzida para se referir apenas aos responsáveis, em resposta às preocupações da Rússia.

O almirante K. Sung-chan, no funeral dos tripulantes mortos do Cheonan, afirmou que não ficaria de braços cruzados a ver quem quer que tenha causado este sofrimento ao seu povo e que o faria pagar um preço mais elevado. Em 4th de maio, o Presidente Lee propôs amplas reformas para as forças armadas sul-coreanas relativamente ao incidente do naufrágio. Após a divulgação do relatório oficial, a Coreia do Sul anunciou que iria adotar medidas enérgicas contra o Norte. E pensar que o governo da Coreia do Sul tinha até o Ministério da Unificação até esse momento. Mas, pelo menos, as duas Coreias anunciaram, a 13th de setembro, o reinício das negociações sobre as famílias separadas após a guerra de 1950-53 e, ao mesmo tempo, a Cruz Vermelha sul-coreana atribuiu ajudas ao Norte no montante de 6,7 milhões de euros. Há poucos dias, em 28th de setembro, teve lugar em Pyongyang algo muito importante e histórico: uma reunião do Partido dos Trabalhadores da Coreia do Norte que abriu caminho à sucessão de Kim Jong-il pelo mais jovem dos seus filhos, Kim Jong-un, de 27 anos, que assumiu o poder. Em 24th de maio, a Coreia do Sul anunciou que iria suspender praticamente todas as suas trocas comerciais com a Coreia do Norte, na sequência do relatório oficial que atribuía à Coreia do Norte a responsabilidade pelo naufrágio. A Coreia do Sul anunciou também que iria proibir os navios norte-coreanos de utilizarem os seus canais de navegação. De acordo com o *New York Times,* o embargo comercial é "a medida mais grave" que a Coreia do Sul pode tomar, à exceção de uma ação militar. Prevê-se que o embargo custe à economia norte-coreana cerca de 200 milhões de dólares por ano. Após a decisão de cessar as trocas comerciais, os EUA e a Coreia do Sul anunciaram a realização de exercícios navais conjuntos em resposta ao naufrágio.

2.3 Guerra psicológica

O exército sul-coreano anunciou que iria retomar a guerra psicológica dirigida à Coreia do Norte. Esta guerra incluiria emissões de propaganda por altifalantes e por rádio FM em toda a zona desmilitarizada. Entretanto, um comandante do exército popular norte-coreano declarou: "Se a Coreia do Sul estabelecer novos serviços de guerra psicológica, dispararemos contra eles para os eliminar", segundo um relatório da KCNA (Chosun Central News Agency). O Ministro da Segurança e da Administração Pública da Coreia do Sul, Maeng Hyung-kyu, declarou em 20th de maio que o seu governo estava a intensificar os esforços para processar as pessoas que espalham "rumores infundados" na Internet: "Qualquer pessoa que faça relatórios ou artigos falsos sobre o incidente pode prejudicar gravemente a segurança nacional. Não permitiremos que estes sejam a base de quaisquer riscos que a nação enfrente". Além disso, anunciou que o governo iria intensificar os esforços para impedir "reuniões ilegais" relacionadas com o naufrágio do *Cheonan*. Um conselho de supervisão militar sul-coreano, o Conselho de Inspeção e Auditoria, acusou altos dirigentes navais sul-coreanos de mentir e esconder informações. Em 17th de abril, foi noticiado que a Coreia do Norte negou oficialmente ter tido qualquer relação com o afundamento, respondendo àquilo a que se referiu como "os militares fantoches belicistas, os políticos conservadores de direita e o grupo de outros traidores da Coreia do Sul". Um artigo da agência noticiosa oficial norte-coreana Central News Agency, intitulado "Military Commentator Denies Involvement in Ship Sinking", referia que se tratava de um acidente. Em 21st de maio, a Coreia do Norte ofereceu-se para enviar a sua própria equipa de investigação para analisar as provas compiladas pela Coreia do Sul e o Hankyoreh citou Kim Yeon-chul, Professor de Estudos sobre a Unificação na Universidade de Inje, comentando a oferta: "É inédito na história das relações intercoreanas que a Coreia do Norte proponha o envio de uma equipa de investigação em resposta a uma questão que foi considerada uma provocação militar pela Coreia do Norte". Se o grupo fantoche do Sul se manifestar, responderemos energicamente com um castigo implacável, incluindo o encerramento total das relações Norte-Sul, a revogação do acordo Norte-Sul de não agressão e a abolição de todos os projectos de cooperação Norte-Sul. Em 27th de maio, a RPDC anunciou que qualquer navio sul-coreano que atravessasse a fronteira marítima em disputa seria imediatamente atacado. A agência oficial norte-coreana KCNA declarou que os EUA são os responsáveis pelo caso do Cheonan, acusou também os EUA de manipularem a investigação e acusou diretamente a administração do Presidente Barack Obama de utilizar o caso para "***aumentar a*** instabilidade na região da Ásia-Pacífico, conter as grandes potências e emergir sem ser contestado na região".

A Coreia do Norte avisou a ONU para ter cuidado com as provas apresentadas na investigação internacional, comparando o caso com as alegações de armas de destruição maciça que os EUA utilizaram para justificar a sua guerra contra o Iraque em 2003 e afirmou que os EUA estão efetivamente errados se acreditam que podem ocupar a Península Coreana tal como fizeram com o Iraque. Acusou ainda os EUA de se juntarem à Coreia do Sul para colocar a China numa posição difícil e manter a Coreia do Sul e o Japão como seus servos. A Coreia do Sul apresentou os resultados da sua investigação aos membros do Conselho de Segurança das Nações Unidas em junho passado. Numa reunião posterior com os membros do Conselho, a Coreia do Norte declarou que não tinha nada a ver com o incidente e, em julho, o Conselho de Segurança das Nações Unidas emitiu uma declaração presidencial condenando o ataque, mas sem identificar os responsáveis.

Uma corveta, a Jinhae, lança uma bomba anti-submarina durante um exercício nos mares ao largo de Taean, província de Chungcheon do Sul, Coreia do Sul, a 27th de maio de 2010. A marinha sul-coreana iniciou, a 27 de maio, manobras de defesa submarina ao largo da sua costa

ocidental, no meio de tensões com a Coreia do Norte devido ao afundamento de um navio de guerra sul-coreano. Os exercícios foram efectuados longe da disputada fronteira marítima com a Coreia do Norte, no Mar Amarelo, informou a agência noticiosa Yonhap, citando oficiais militares.

2.4 Um imposto para financiar a reunificação

Em agosto, o Presidente sul-coreano Lee Myung-bak propôs a criação de um imposto especial para financiar os elevados custos da reunificação com a Coreia do Norte, numa altura em que se intensificaram as preocupações sobre o futuro do Norte após a eventual morte do seu líder doente. A proposta abordou uma questão delicada e, segundo os analistas, poderá provocar uma reação furiosa por parte do Norte, que poderá considerá-la uma medida agressiva por parte do Sul. Apesar de todos os anteriores líderes sul-coreanos terem defendido a reintegração do Norte, Lee foi o primeiro a propor que o Sul começasse a poupar para o evento através de um imposto de unificação. Segundo os analistas, a fusão da potência económica do Sul com o empobrecido sistema socialista do Norte poderia impor enormes custos à Coreia do Sul. De acordo com vários institutos de investigação sul-coreanos e americanos, esses custos foram estimados entre algumas centenas de milhar de milhões de dólares e um bilião de dólares, dependendo em grande medida da rapidez com que os países fossem integrados. "A reunificação será definitivamente concretizada", afirmou Lee num discurso que assinalou o 65th aniversário da libertação dos coreanos de 35 anos de domínio colonial japonês. As relações entre as duas Coreias atingiram o seu ponto mais baixo dos últimos anos sob a presidência de Lee, um conservador que se opôs à concessão de ajuda ao Norte enquanto este desenvolvia armas nucleares.

Pessoal da marinha sul-coreana monta guarda junto aos destroços reconstruídos do Cheonan

Em 17th de agosto, a Coreia do Norte propôs a realização de uma cimeira com a Coreia do Sul, numa aparente tentativa de obter ajuda económica, mas Seul rejeitou a ideia, invocando o aumento das tensões. Os meios de comunicação social sul-coreanos noticiaram, no início deste ano, que as duas Coreias realizaram uma série de reuniões secretas em 2009 para discutir uma possível cimeira, mas que as condições para a realização da mesma eram muito divergentes. O líder norte-coreano Kim Jong Il já realizou duas cimeiras com presidentes sul-coreanos, em 2000 com Kim Dae-jung e em 2007 com Roh Moo-hyun. As tropas norte-americanas e sul-coreanas iniciaram exercícios militares anuais computorizados que envolvem cerca de 56 000 soldados sul-coreanos e 30 000 soldados norte-americanos na Coreia do Sul e também no estrangeiro. Os EUA e a Coreia do Sul insistem que os exercícios são puramente defensivos, mas a Coreia do Norte diz que são um ensaio para uma invasão e prometeu retaliar. Estes exercícios vêm na sequência de grandes exercícios navais conjuntos realizados pelos aliados no mês passado ao largo da costa oriental da península coreana em resposta ao naufrágio. Os dois países planeiam realizar mais exercícios nos próximos meses. A Coreia do Norte rejeitou uma nova proposta de unificação da Coreia do Sul, qualificando-a de plano "ridículo" destinado a enfraquecer o Norte em preparação para uma invasão assistida pelos Estados Unidos. O Presidente Lee Myung-bak da Coreia do Sul propôs um processo de unificação em três fases: paz e desnuclearização, integração económica e uma eventual "comunidade da nação coreana". A RPDC também criticou Lee por ter proposto o imposto de unificação, afirmando que a ideia era "muito desagradável" porque tinha como objetivo preparar a turbulência no Norte. Tecnicamente, a península coreana continua em estado de guerra porque a Guerra da Coreia de 1950-53 terminou com um armistício e não com um tratado de paz.

Presidente da Coreia do Norte, Kim Jong-il

Em 1 de setembro, a RPDC prometeu consolidar as suas relações militares com a República Popular da China. As declarações de Kim Yong-nam, segundo responsável da Coreia do Norte, sublinharam os esforços de Pyongyang e Pequim para melhorar as suas relações num momento de crescente tensão na região. Em 1961, Pequim e Pyongyang assinaram um tratado que prevê a ajuda mútua se um dos dois países for atacado. Embora o tratado ainda esteja em vigor, os possíveis domínios de aplicação não são ainda muito claros.

2.5 Coreia do Sul envia ajuda alimentar ao Norte

No passado dia 17 de setembro, um comboio de camiões atravessou a fronteira com a Coreia do Norte, transportando doações de arroz pela primeira vez em quase três anos, numa altura em que os responsáveis de ambas as Coreias se reuniram para discutir o reencontro de famílias separadas pela Guerra da Coreia há seis décadas. Os nove camiões do comboio transportavam um total de 203 toneladas de arroz que grupos cívicos e partidos políticos da oposição na Coreia do Sul ofereceram às vítimas das recentes inundações na Coreia do Norte. Prevê-se que as inundações agravem a escassez de alimentos no Norte, que, mesmo num ano de boas colheitas, não consegue produzir o suficiente para alimentar convenientemente a sua população estimada em 23 milhões de pessoas. O carregamento seguiu-se a 530 toneladas de farinha que um governo provincial sul-coreano e grupos cívicos enviaram por camião para o Norte. O carregamento de arroz, o alimento básico dos coreanos, foi efectuado antes do feriado da lua cheia de Chuseok, na próxima semana. Depois de o Presidente Lee Myung-bak ter chegado ao poder em Seul, no início de 2008, a Coreia do Sul mostrou-se relutante em fornecer arroz ou qualquer outro tipo de ajuda de grande dimensão ao Norte, até que este abandonasse as armas nucleares. O naufrágio do navio azedou ainda mais as relações. Na semana passada, porém, Seul aprovou as doações dos grupos cívicos, bem como um plano separado da Cruz Vermelha para enviar 5.000 toneladas de arroz.

A aprovação seguiu-se a gestos de conciliação por parte da Coreia do Norte, incluindo uma proposta para retomar um programa da Cruz Vermelha de organização de reuniões temporárias de famílias separadas pela guerra de 1950-53. Na cidade fronteiriça norte-coreana de Kaesong, funcionários de ambas as Coreias discutiram a data, o local e a dimensão das reuniões propostas. A Coreia do Norte pretendia realizar as reuniões na estância de Diamond Mountain no final de outubro, informou Chun Hae-sung, porta-voz do governo em Seul. A Coreia do Sul exigiu que as duas partes tornassem as reuniões regulares e mais frequentes para permitir que os coreanos mais idosos se reúnam, mesmo que brevemente, com os seus familiares antes de morrerem. Tanto as autoridades norte-americanas como as sul-coreanas insistem que a Coreia do Norte deve fazer mais gestos de reconciliação para com a Coreia do Sul antes das **conversações a seis** (o seu objetivo é encontrar uma solução pacífica para as preocupações de segurança resultantes do *programa de armas nucleares da Coreia do Norte*): Coreia do Norte, Coreia do Sul, China, Japão, Rússia e EUA) possam ser retomadas para pôr fim ao programa de armas nucleares do Norte. Seul suspeita que a RPDC pretende reiniciar as conversações a seis para desviar as atenções do naufrágio do navio e enfraquecer a determinação internacional de aplicar sanções.

CONCLUSÃO

Como pudemos ver neste artigo, concentrei-me na forma como dois pequenos países (outrora apenas um) podem desempenhar um papel bastante importante no orçamento internacional e, por conseguinte, em toda a segurança global, sobretudo porque uma destas duas nações, a Coreia do Norte, está a tornar-se ameaçadora e arrogante de dia para dia em relação à rival Coreia do Sul (e em relação a quase todo o resto do mundo) depois de ter efectuado vários testes nucleares e depois do afundamento do navio sul-coreano (mesmo que ainda não seja o atacante oficial).

Como já referi no primeiro capítulo, após a independência, tornaram-se incrivelmente diferentes: vimos que existe a Coreia do Sul, mais aberta em todos os domínios, muito moderna, rica e industrializada (pensemos que pertence aos chamados "quatro tigres asiáticos") e a Coreia do Norte, considerada um país em vias de desenvolvimento, sem direitos civis e humanos, com uma economia autárquica, industrializada e altamente centralizada, sendo o comércio internacional proibido por este governo. Além disso, todas estas enormes e evidentes diferenças levaram vários académicos e pessoas ligadas às relações inter-coreanas a recear uma nova guerra (depois da famosa guerra de 1950 a 1953, abordada na primeira parte) entre as duas Coreias imediatamente após o incidente deste navio.

Mas, felizmente, pelo menos até agora, não deverá ocorrer uma nova guerra, apesar de, como descrevi no segundo capítulo, haver uma mistura ininterrupta de espionagem, tensões e informações, principalmente depois de março passado, entre a RPDC e a ROK, o que significa, respetivamente, entre a República Popular da China, a Rússia de um lado e os EUA; os países "ocidentais" e o Japão do outro.

Uma questão relevante que vale a pena mencionar é que, durante a guerra da Coreia, a frente foi estabilizada em 1953 ao longo do que acabou por se tornar a atual Linha de Armistício e, após longas negociações, os dois lados chegaram a um acordo sobre uma fronteira formada pela DMZ

(Zona Desmilitarizada Coreana) e foi finalmente declarado um cessar-fogo, mas infelizmente nunca foi assinado um tratado de paz oficial e as duas Coreias estão tecnicamente em guerra desde 1950.

th Alguns bons comportamentos sul-coreanos, como a ajuda alimentar ao Norte e o imposto para a reunificação (pensemos que a Coreia do Sul tem mesmo um Ministério para a unificação, para além do da Defesa Nacional e do da Segurança e Administração Pública) e o anúncio, por ambos, em 13 de setembro de 2010, do reinício das negociações sobre as famílias separadas após a guerra de 1950-53, tratado na parte final, fazem pelo menos esperar que tudo corra bem.

BIBLIOGRAFIA

- **Brown C. (2007),** *Understanding International Relations,* Palgrave

- Revisão semanal de *"**Internazionale**"* **(2010)**

- **Lepre A. (2004),** *La Storia: dalla fine dell'800 ad oggi,* Zanichelli

- **Oberdorfer D. (2002),** *The Two Koreas: A Contemporary History,* Basics Books

- Revisão semanal de **"*L'Espresso*" (2010)**

- ***"Panorama""*** **(2010)** revisão semanal

- **Rampini F. (2009),** *Con gli occhi dell'Oriente,* Mondadori scuola

- **Servizio Coreano per la Cultura e 1'informazione -** Ministero della cultura, dello sport e del turismo **(2008),** *La Corea*

- **VV. AA. (2008),** *Atlante Geografico Economico* (Il Sole 24 ore) Istituto Geografico De Agostini

- **VV. AA. (2006),** *Il nuovissimo atlante enciclopedico, economico, finanziario e politico* (Milano Finanza) Istituto Geografico De Agostini

SITOGRAFIA

Data do último acesso

www.un.org/Docs/sc/unsc_resolutions10.htm17-09-2010

www.cia.gov/library/publications/the-world-factbook/05-09-2010

www.korea-dpr.com

www.southkoreagovernment.com

www.nytimes.com09-10-2010

temi.repubblica.it/limes/category/aree-geografiche/asia-pacifico

www.time.com/time

www.asianews.it

www.un.org/popin/

www.informaworld.com

pt.wikipedia.org

www.reuters.com

www.prb.org

www.gapminder.org

www.un.org/en/peacekeeping/10-09-2010

www.eurographicus.com

archivio storico.corriere.it

www.economist.com

www.unfpa.org/public

Filme: *Travessia* - Kim Tae Kyun - 2008

I want morebooks!

Buy your books fast and straightforward online - at one of world's fastest growing online book stores! Environmentally sound due to Print-on-Demand technologies.

Buy your books online at
www.morebooks.shop

Compre os seus livros mais rápido e diretamente na internet, em uma das livrarias on-line com o maior crescimento no mundo! Produção que protege o meio ambiente através das tecnologias de impressão sob demanda.

Compre os seus livros on-line em
www.morebooks.shop

info@omniscriptum.com
www.omniscriptum.com

Printed by Books on Demand GmbH, Norderstedt / Germany